FACULTÉ DE DROIT DE TOULOUSE.

ACTE PUBLIC

POUR LA LICENCE,

EN EXÉCUTION DE L'ARTICLE IV, TITRE II, DE LA LOI DU XXII VENTOSE AN XII,

SOUTENU

PAR M. CASANELLI D'ISTRIA (J.),

Né à VICO (Corse).

JUS ROMANUM.

INST. LIB. IV, TIT. VI, § 53, 54 ET 55. GAIUS. COM. IV, INST. 53, 54, 55, 56 ET 68.

De Pluris Petitione.

Tantummodo pluris petitio, sub formularum systemate faciles habet explicatus. Nobis notum litis, duas tunc dissimiles habuisse formas; altera in Jus apud prætores; altera, apud Judices in Judicio. Litigantibus prætor dat actionem vel formulam tripartitam, demonstrationem, intentionem et condemnationem continens. Causam litis dicit demonstratio; res controversas definit intentio; condemnatione judicis facultates insunt. Sub formularum imperio, stricti juris actiones sunt. Judici, juris civilis servo, non erat facultas condemnationem temperare. Inexorabile et acerbum ejus officium est. Non probatâ intentione, ejus non est a fulsis vera discernere; in judicium deductum jus tunc extinctum est seu ipso jure, judiciaria novatione, seu exceptiónis ope. Ex eo quod suprà diximus, non videtur plus peti in demonstratione aut in condemnatione posse. Si in demonstratione plus positum sit, nihil in judicium deducitur, et ideo res in integro manet; et hoc est quod dicitur, falsa demonstratione rem non perimi. (1) Si verò in condemnatione plus petitum sit quàm opportet, actoris quidem periculum nullum est, sed *(reus cum)* iniquam formulam acceperit, in integrum restituitur, ut minuatur condemnatio (2). Si quis autem agens in intentione sua plus complexus fuerit quàm ad eum pertineret, causa cadebat, id est, rem amittebat (3). Eadem invenimus in Ciceronis opera : Plus qui petebant, olim causa cadebant. (De Oratore) et : hic tu si amplius H S nummo petiisti quàm tibi debitum esset, causam perdidisti.

Plus petendo causâ cadimus aut loco, aut summa, aut tempore, aut qualitate; loco alibi; summa, plus; tempore, ante tempus repetendo; qualitate ejusdem speciei rem meliorem postulantes. Pauli sententiæ § 1er, t. X, de plus petendo.

Plus autem petitur quator modis : re tempore, loco et causâ.

§ 1er.

Re plus petitur, veluti si pro decem aureos qui mihi debebantur, vigenti pretierim ; aut si tantùm mediam partem possidens, totam vel dodrantem intenderim.

---

(1) Gaius. Inst. Comm. IV, § 58. (2) Cod. loc. 57. (3) Institut.

§ 2.

Tempore plus petitur, veluti si quis ante diem vel ante conditionem petierit. Si hodie aere alieno exieris, quùm debita, exeunte anno, modò solvere deberes, lucrum facis; quod numero et pondere assimilaverim damno confecto solutione proxima debiti quod in annum exigi potest. Quâ ratione enim qui tardiùs solvit quàm solvere deberet, minus solvere intelligitur, eadem ratione, qui præmature petit, plus petere videtur (1). Vinnio incaute et perperam videntur verba : *ante conditionem.* Pendente conditione, cùm nihil sit quod debeatur, nihil quoque est quod in judicium deduci et deducendo consumi possit. Nam male aut perperam agere dicit, qui pendente conditione petit, ut eum qui petit ante diem, sed nihil agere et disserte nihil consumere. Aliæ sunt sententiæ Javoleni (2) et Juliani (3). Cum ex eadem obligatione aliquid jam præstari opportet, aliquid in futura præstatione est, velut cum in singulos annos certam pecuniam stipulati fuerimus ; si velimus id quod præstari opportet, petere in judicium deducere, futuram vero obligationis præstationem in incerto relinquere necesse est, ut cum hac præscriptione agamus, *ea res agatur cujus rei dies fuit ;* alioquin, ex regulis pluris petitionis, causa cadimus et rem totam perdimus (4),

§ 3.

Plus petitio *loci* rationi fit, veluti cum quis id quod certo loco sibi stipulatus est, alio loco petit sine commemoratione illius loci in quo sibi dari stipulatus fuerit (5) ; quod evenit cum quis mihi rem Ephesi dare spopondit et hujus traditionem Romæ pure repeto. Hujusmodi pluris petitionis æstimatio fit, ex damno promissore accepto, qui pura intentione utilitate destitutus est, quam percepisset si illo loco solveret quo ut traderet pollicitus erat.

---

(1) Institut. § IV, tit. VI, § 33. (2) Fr. 36. De reb. cred. (3) Fr. 36. De sol. (4) Gaius. De Præser. § 131, (6) Inst. loc. cit.

Sed qualis sit locus in quo possit éffici solutio? In pluribus casibus in jus vocatur reus, sive loco in quo communem habet domum, scilicet Romœ; sive in quo privatum; sive quo se obligavit. In actionibus bonæ fidei, parvi interest ut eligat actor unum ex his tribus domum. Sine periculo ita etiam agit in *stricti juris* actionibus, in quibus agitur obligatione quadam ad faciendum.

Reipsà cùm sit condictio incerta non potest plus repeti (1).

Periculosum autem erat reum iu jus vocare aliùm in locum quam ubi soluturum promiserat. Nam ut vidimus, in actionibus stricti juris, potestas judicis (olim formulæ) postea conventioni partium adstricta est (2).

Quum sententiam dicebat judex extra facultates quæ condemnatione tenebat, litem suam faciebat.

Ut a solutione se liberaret, nunquam in solutionis loco vivebant debitores; itaque, prætores arbitrarias actiones introduxerunt, ad utilitatem creditoris; ob plus petitionem ratione locis datur *condictio de eo quod certo loco* ad id ut judex arbitretur quid alter alteri præstare teneatur, habita ratione ejus quod interest, eo loco fuisse solutum quod solvi debuerat (3). Itaque utilitas promissoris, ut loco stipulationis solveret, fundamentum fuit apud Prætores æstimationis arbitrariæ condemnationis quæ judicibus exercita forent.

§ 4.

Plus potitio ratione causa. — Hic autem causa, modum seu qualitatem significat. (Paul 1. s. 10.) Causa plus petitur, veluti si quis in *intentione* tollat ellectionem debitori quam is habet obligationis jure (4). Huic autem qui loco plus petere intelligitur, proximus est is qui causa plus petit (5); quemadmodum vero qui alibi petit quam ubi debetur, loci utilitatem adimit debitori; ita qui causa plus petit, promissori adimit utilitatem electionis; causa enim plus petit qui abcisse quod alternative promissum petit.

___

(1) Gaius. loc. cit. § 54. (2) L. 99, ff. De verb, obli. (3) L. 4, L. 3, ff. De eo quod cert. loc. Inst. l. cit. (4) Gaius loc. cit. 53. (5) Inst. loc. c t. § 33.

Duæ sunt species pluris petitionis ratione loci ; quarum altera in institutibus proponitur, cùm ex plurimis rebus disjunctim promissis, una aliqua certa petitur (Vinnius) ; ut ecce, si hominem Stichum dare spondes, deinde alterutrum ex his petat (1). Altera, cùm genere promisso, petitutur certa species ; veluti si quis purpuram generaliter stipulatus sit, deinde Tyriam specialiter petat. Quin etiam, licet vilissimum sit quod quis petat, nihilominus plus petere intelligitur (2) ; quia sæpe accidit ut promissori facilius sit illud solvere quod majoris pretii est.

Super § 68 Com. Gaii, in quæstione versabimur si in contractibus stricti juris admissa exceptione doli, ex edicto M. Aurelii, actor in pluris petitionis pænam incidat ; aut si ita non est, hac exceptione facultas ne judici data ad compensationem faciendam non secus ac in bonæ fidei contractibus? — Judices tantum condemnare vel absolvere debent prout probata fuit annon intentio. Absolvendus igitur est reus si exceptionem doli constituit. Cæterum in Pauli sententiis multa legimus quæ principium roborant. « Si pecuniam tibi debeanm, et tu mihi pecuniam debeas.... licet « ex diverso contractu, compensare vel deducere debes ; si totum petas, « plus petendo causa cadis (3). » Et in Gaiio : compensationis quidem ratio intentione ponitur, quo fit ut si facta compensatione plus nummo uno intendat argentarius, causa cadat, et ob id, rem perdat.

Non compensabitur autem quod in diem debetur, antequàm dies venit; quamquam dari opporteat (4). Omnia in compensatione veniunt ; etiam quod natura debetur (5) ; et in Gaïo, loc. cit : compensatio debiti ex pari specie et causa dispari admittitur ; attamen de alternato debito, ita compensatio hujus debiti admittitur si adversarius palam dixisset utrum voluisset (6).

Restitutio in integrum. — Haud facile in integrum a prætore restituebantur actores pluris petentes, nisi ex iis causis quæ juri communi, etiam in aliis rebus in integrum restitutionem præbebant (Vinnius). Quarum duæ hic proferuntur : ætas et justa errandi causa.

---

(1) Gai loco cit. (2) Id. (3) Lib. 2, tit. 5, § 3, (4) Ulpien liv. 28, ad Edictum. (5) Ulp. liv. 30, ad Sabinum, (6) Scævola liv. 2, quæstionum.

Faciliores autem aliquando principes fuerant; nom de Claudio refert Suetionius (1) : solitum eum fuisse ex æquo et bono restituere actiones iis qui apud privatos judices plus petendo formula excidissent.

Zenoniana constitutio. — Quibuscumque modis ex quatuor quos divus Justinianus exposuit, re, loco, tempore et causa petitum esset, ea olim erat pæna ut actor causa caderet, remque suam perderet.

Superius hujus serveritatis originem exposui. Postea autem hâc pæna recessum est, et in eos qui plus temporis causa peterent, alia constituta fuit a divo Zenone, qui legem promulgavit, ut adversus eum qui ante tempus petiit, duplicentur induciæ, et hoc tempore elapso, non aliter agat, quam si impendia primæ instantiæ circa litis præmonitionem facta, adversarius solvat (2).

Plus petitio sub Justiniano. — Justinianea constitutione cautum, ut si plus re vel causa intentione sua actor complexus sit, damnum quod reus iucurrit, triplo lueret, et potissimum reo in triplum damnetur restituere summas quas iste sportularum nomine viatoribus dedit (3).

De minus petitione. — Minus autem intendere licet, sed de reliquo intra ejusdem præturam agere non permittitur; nam qui ita agit per exceptionem excluditur, quæ exceptio litis dividuæ appellatur (4); veluti si mihi vigenti deberentur et modo decem intenderim; aut si possidens dodrantem fundi, mediam partem exegerim. In reliquum enim nihilominus judex adversarium in eodem judicio condemnat ex constitutione divæ memoriæ Zenonis.

Si quis aliud pro alio intenderit, veluti si is qui hominem Stichum petere deberet, Erotem petierit; aut si quis ex testamento sibi dari oportere intenderit, quod ex stipulatu debetur, nihil eum periclitari placet; sed in eodem judicio, cognita veritate, errorem suum corrigere ei permittitur.

Ad hoc tempus, cum formula agebatur; post hac vocatio non amplius in intentionem inserta est, *in libello* autem *conventionis* sicut a Justiniano discimus (Cod. Lib. 3. d. X. § 2).

(1) Cap. 14, in claudio. (2) Codic. lib 3, tit. x. De plus petitione. (3) Eod. loc. et Inst. liv. 4, tit. 6, § 24. (4) Gai. Com. 4, Inst. 56.

CODE NAPOLÉON.

LIVRE III, TITRE XX.

DE LA PRESCRIPTION.

ARTICLES 2219-2241.

CHAPITRE Ier.

Dispositions générales.

La prescription est la présomption légale d'une cause légitime d'acquisition ou de libération d'un droit. Le Code la définit : un moyen d'acquérir par un certain laps de temps et sous les conditions déterminées par la loi. Cette définition du Code est la reproduction fidèle de celle que Modestinus a laissée de l'usucapion : *est adjectio dominii per continuationem possessionis temporis lege definiti.* Remarquons cependant, avec M. Troplong, que le Code n'envisage que le temps comme moyen d'acquérir ou de se libérer, « tandis que le fait grave et fondamental qui « contribue au déplacement de la propriété, c'est la possession. » Pour justifier la définition que nous avons adoptée, nous avons besoin d'envisager la prescription sous le double rapport de l'équité, dans son application, et de l'utilité générale dans son but.

Pendant l'absence de votre voisin, vous avez usurpé son champ, qu'il ne revendique qu'après trente ans de paisible et publique possession de votre part; je ne puis croire que la loi vous en attribue la propriété pour la raison que, pendant trente ans, personne ne vous a inquiété dans votre possession; que, pendant ce temps, vous y avez fait des travaux, des améliorations même; que vous avez payé des tributs à l'État, etc. Ces raisons sont insuffisantes pour légitimer, aux yeux de l'équité, votre usurpation. Vous avez, il est vrai, amélioré un champ stérile; mais vous avez été payé de vos peines par ses produits. La négligence du propriétaire ne saurait valider votre usurpation. Pour vous constituer propriétaire de ce champ, la loi présume que votre possession était basée sur un titre que vous ne pouvez reproduire. La prescription n'est donc pas un moyen d'acquérir par un laps de temps, mais bien une présomption légale d'acquisition légitime. On ne saurait contraindre un propriétaire, en effet, à conserver, pendant un temps indéfini, tous les titres de ses propriétés. L'intérêt général exigeait impérieusement que l'on fixât un terme après lequel il ne fut plus permis d'inquiéter les possesseurs et de rechercher des droits trop longtemps négligés. Sans la fixation de ce terme, l'équité fut devenue le prétexte d'une foule de contestations; la propriété aurait toujours été incertaine. Celui qui possède paisiblement et publiquement doit être raisonnablement supposé propriétaire du fond qu'il exploite et sur lequel il fait des actes de maître. Quant au véritable propriétaire ; *vix ex ut non videatur alienare qui patitur rem suam usucapi.* (L. 28 ff. de verb. sign.) En prenant un exemple de prescription libératoire, nous prouverions de même que le législateur ne libère point le débiteur parce que le créancier n'a pas, pendant trente ans, demandé le paiement de sa dette; mais bien parce qu'il présume qu'en restant trente ans sans l'exiger, le créancier a dû avoir pour motif l'extinction de sa créance, et qu'en n'étant pas inquiété pendant trente ans, le débiteur a pu se croire libéré et a pu égarer les pièces qui constataient son acquittement.

La prescription a été établie dans le Droit romain, sous le nom d'usucapion par la loi des Douze Tables, *ne rerum dominia incerta fuissent.* C'était à Rome une institution de leur pur Droit civil, que les étrangers ne pouvaient invoquer. Elle ne s'appliquait pas aux choses qui n'étaient pas dans le commerce, aux choses *divini juris;* aux choses volées, *res furtivæ vel vi possessæ*. Quand Justinien eut fait disparaître la différence qui existait entre les choses *mancipi* et les choses *nec mancipi,* il établit une prescription de dix et vingt ans pour l'acquisition de toute espèce de biens ; de dix ans entre présents, et de vingt ans entre absents. Le Droit romain se plaçait au point de vue du domicile des personnes dans un même lieu pour constater l'absence ou la présence et appliquer, suivant le cas, la prescription de dix ou de vingt ans.

Le Droit français a conservé presque toutes ces dispositions. Constatons seulement quelques différences aux principes de la prescription romaine que nous avons indiqués. La prescription est du droit des gens. Malgré l'opinion contraire de Pothier, nous pouvons induire de la loi du 14 juillet 1819, qui a admis les étrangers à succéder, disposer et recevoir des donations et des legs en France, comme les nationaux, qu'elle leur a aussi permis d'invoquer le bénéfice de la prescription. Sous notre Code, il n'y a pas de prescription au-delà de trente ans ; la présence ou l'absence s'estime eu égard à la circonstance que le propriétaire de l'immeuble auquel la prescription est opposée a eu ou non son domicile dans le ressort de la cour royale dans l'étendue de laquelle est situé l'immeuble, peu importe le lieu où le possesseur qui fait valoir la prescription a eu le le sien (art. 2265).

Ce qui justifie le plus la définition de la prescription que nous avons adoptée, c'est que la prescription n'opère pas ses effets de plein droit et qu'elle a besoin d'être invoquée par celui qui a intérêt à le faire. L'intention du législateur devient de plus en plus évidente : s'il avait suffi à ses yeux d'une seule possession de trente ans pour légitimer une usurpation, la partie qui y renonce serait à cette époque considérée comme faisant une libéralité. Le juge qui aurait des preuves certaines d'une possession continuée pendant le temps exigé par la loi, aurait pu la prononcer d'office. La prescription envisagée sous son second aspect, c'est-à-dire comme présomption de l'extinction d'un droit, aurait pour effet d'éteindre même une obligation naturelle dont le paiement, après trente ans, serait assujetti aux formes d'une donation et donnerait ouverture à des droits de mutation. Nous avons adopté les opinions de M. Duranton contre Dunod et d'autres auteurs; mais tandis que M. Duranton considère la prescription comme un moyen d'acquérir, nous la considérons seulement comme une présomption d'acquisition; et ayant pris ce principe pour point de départ, nous en avons induit que la loi permettait au possesseur de renoncer toujours, avant le jugement qui reconnaît notre possession comme après celui où nous l'avons invoquée, à la présomption de propriétaires ou d'acquéreur que l'art. 2219 nous confère. Le juge, dans notre manière d'envisager la question, ne peut invoquer d'office une prescription civile, car il ignore si le possesseur, repentant de son usurpation ne renoncera pas en faveur de l'équité au bénéfice d'une présomption à laquelle la loi n'attache tant d'effet qu'à cause de son utilité générale. Le juge doit invoquer d'office, au contraire, la prescription, en matière criminelle, correctionnelle, et même de simple police « parce qu'il est de l'intérêt de la société elle-même « qu'un délit ancien et peut-être ignoré soit oublié, et qu'il y aurait « injustice à prononcer une condamnation contre un individu que la loi, « au nom de laquelle on le poursuit, en déclare elle-même affranchi. » (Duranton, sur la Presc.)

Pour rester dans le sujet des matières comprises dans l'intitulé de notre chapitre et signaler les dispositions qui sont communes à la prescription acquisivitive et à la prescription libératoire, disons d'abord à quels droits s'appliquent ces deux prescriptions. La première s'applique : à la pleine propriété; aux servitudes réelles continues et apparentes; aux droits d'usufruit, d'usage, d'habitation; au droit d'hérédité. Elle ne s'applique point aux servitudes continues qui ne sont pas apparentes; aux servitudes apparentes qui ne sont pas continues; aux créances et aux rentes; au droit d'hypothèque.

La prescription libératoire s'applique : aux créances et aux rentes; aux servitudes personnelles; aux servitudes réelles; au droit de succession. Elle ne s'applique pas au droit de pleine propriété; car le non exercice de ce droit, si prolongé qu'il soit, ne l'anéantit point.

Biens imprescriptibles. — On ne peut prescrire le domaine des choses qui ne sont pas dans le commerce (**2226**). Ne sont pas dans le commerce les choses qui appartiennent au domaine de l'état ; les biens communaux destinés à un usage public ; la plupart des choses inaliénables, à raison de la qualité des personnes ou des biens. Mais il ne faut pas induire l'imprescriptibilité de l'inaliénabilité, ou, réciproquement l'inaliénabilité de l'imprescriptibilité. Pour preuve, les biens dotaux sont aliénables, et cependant on peut prescrire contre eux quand la possession a commencé avant le mariage ou depuis la séparation de corps ; au contraire, les biens du mineur sont aliénables, mais on ne peut prescrire contre eux. De même encore, une servitude non apparente peut s'aliéner mais non s'acquérir par prescription. L'état des personnes est imprescriptible, soit passivement, soit activement. En effet, l'art. 328 déclare que l'action en réclamation d'état est imprescriptible à l'égard de l'enfant.

Un bigame qui aurait prescrit contre l'action publique instituée pour la punition du crime de la bigamie, ne saurait prétendre à l'acquisition de la qualité de mari. Ainsi, encore, un étranger qui a résidé en France pendant trente ans, ne peut acquérir la qualité de citoyen français par prescription. Mais le temps réagit sur l'état des personnes d'une manière indirecte ; ainsi, l'action en nullité contre un mariage, pour dol, violence, erreur sur la personne, etc., l'action en désaveu, peuvent se prescrire après un certain temps.

L'État peut être considéré sous deux aspects différents : comme unité nationale et comme propriétaire. On ne prescrit jamais contre l'État, unité nationale ; mais, en tant que propriétaire, il est soumis aux mêmes prescriptions que les particuliers (2227). Il n'y a pas que les particuliers qui puissent prescrire contre l'État ; les villes, les communes le peuvent également ; mais la réciproque ne saurait être raisonnablement soutenue.

Renonciation. — On ne peut d'avance renoncer à la prescription. On peut renoncer à la prescription acquise (2220). Nous avons déjà dit que la prescription était une institution d'ordre public, d'intérêt général. Il est donc naturel que la loi ne tienne aucun compte de la renonciation qu'on en fait à l'avance, et qui a pour effet de troubler l'ordre public et d'encourager la faute ou l'incurie. Mais on peut renoncer à une prescription acquise ; l'intérêt privé y est seul en jeu. On comprend facilement que s'il eût été permis de renoncer d'avance à la prescription établie pour éteindre les obligations, cette clause fût devenue de style; tous les créanciers l'auraient imposée à leurs débiteurs. Tandis qu'en renonçant au bénéfice de la prescription acquise, on reconnaît tacitement le droit du créancier; on obéit à la voix de sa conscience. Cette renonciation vaut comme interruption de prescription ; elle rend inutile la possession antérieure, mais elle est de nul effet pour l'avenir et n'empêche pas le renonçant de commencer une nouvelle prescription.

Cette disposition de l'art. 2220 ne peut recevoir son application qu'à l'égard de la prescription libératoire. Quel intérêt y a-t-il, par exemple, à ce qu'un acheteur, soupçonnant la validité du titre du vendeur, renonce dans son acte d'achat au bénéfice de la prescription, puisque le vendeur est admis à l'opposer toutes les fois qu'il y sera intéressé?

M. Mourlon applique notre article à la renonciation d'un tiers au droit d'acquérir par prescription une servitude que son voisin lui permet. Ce n'est là cependant que la reconnaissance d'un titre précaire, une déclaration qui, loin de rester sans effet, aux termes de l'art. 2220, sera, au contraire, très valable, puisqu'elle s'opposera à la prescription de cette servitude par quelque laps de temps que ce soit. Cet article donc, au lieu de trouver sa place au chapitre des dispositions générales et communes aux deux prescriptions, devrait spécialement être appliqué à celles qui ont pour effet d'éteindre une obligation.

Nous avons dit que la renonciation à une prescription acquise, valable pour le passé, était sans effet pour l'avenir. Il ne faudrait pas croire, cependant, que la renonciation à la prescription d'un objet soumis à une courte prescription rende cet objet capable d'être prescrit de la même manière. On ne pourrait plus, au contraire, prescrire contre lui que par une possession trentenaire. Cette prescription ne serait d'ailleurs jamais acquise si le détenteur, en renonçant, avait reconnu la précarité de sa possession.

La renonciation à la prescription est expresse ou tacite : la renonciation tacite résulte d'un fait qui suppose l'abandon du droit acquis (2221). Il serait redondant de déterminer les cas d'une renonciation expresse; elle doit être libre et volontaire ; elle résulte des actes intervenus entre les parties et dans lesquels le détenteur ou débiteur a déclaré renoncer au droit qu'il avait alors d'invoquer le moyen de la prescription.

La renonciation tacite résulte, soit de la demande d'un terme par le débiteur à son créancier ; soit du gage ou de l'hypothèque qu'il lui donne pour sûreté de sa créance ; soit de l'offre qu'il lui fait de compenser ce qu'il doit avec ce qu'il lui est dû, car la compensation suppose toujours l'existence de deux dettes ; ou bien, du paiement des arrérages d'une rente dont on avait, depuis trente ans, discontinué de servir les arrérages ; ou bien encore du paiement d'une partie de la dette effectué depuis que la prescription est acquise. Il en serait toutefois autrement si on avait fait des réserves.

Un titre prescrit n'oblige pas à payer ; mais si, devant un bureau de paix, par exemple, vous déclarez être prêt à payer ; si on vous exhibe un titre, vous êtes censé avoir renoncé au droit d'opposer la prescription au titre prescrit qui serait ensuite produit.

L'art. 2222 déclare qu'on n'est capable de renoncer à la prescription acquise que si l'on est capable d'aliéner. Cet article semble contrarier notre manière d'envisager la prescription ; on dirait que le Code considère la renonciation à un droit acquis comme une contre-aliénation ; il semblerait dire que lorsqu'une chose retourne à son véritable propriétaire par l'effet de la renonciation du possesseur, ce retour n'a pas lieu en vertu de son ancien droit. On aurait tort cependant de supposer au législateur cette intention : à ses yeux, la renonciation ne constitue pas une obligation nouvelle. Nous avons dit, plus haut, que la prescription est souvent le seul moyen qu'on ait de prouver soit une libération effective, soit une juste cause d'acquisition. Un incapable ne saura que très rarement distinguer l'injustice ou la justice de la prescription ; nous rappelons par anticipation ce que nous développons plus longuement en traitant notre question de Droit criminel, sur le discernement. La loi ne suppose pas aux mineurs un jugement libre et éclairé. A leur égard, la présomption légale de propriété, fondée sur la longue possession, est irrésistible ; ils agiraient donc comme des vendeurs en abandonnant le droit de garder la chose. Si la loi leur défend de renoncer expressément au bénéfice de la prescription, à plus forte raison ne le peuvent-ils pas d'une manière tacite, par exemple en payant une dette prescrite. Ils sont donc admis à le répéter, à agir *conditioni indebiti.* Aux termes de l'art. 1124, sont encore incapables d'aliéner les interdits et les femmes mariées ; ils sont donc aussi incapables de renoncer au droit d'être libérés ou au droit de conserver la chose prescrite.

Les tuteurs ne sont pas admis à renoncer au bénéfice de la prescription acquise à leurs pupilles. Quand un grevé de restitution renonce à la prescription acquise au sujet d'un immeuble compris dans la disposition, cette renonciation est valable à son égard, mais elle est sans effet par rapport aux appelés, s'ils survivent au grevé. Celui-ci ne peut aliéner à leur préjudice les biens et les droits affectés de la substitution. Parmi les incapables dont nous nous occupons, figure le mari, quand il s'agit d'un immeuble propre à sa femme.

La prescription peut être opposée en tout état de cause, même devant la Cour royale, à moins que la partie qui n'aurait pas opposé le moyen de la prescription ne doive, par les circonstances, être présumé y avoir renoncé (2224). On ne pourrait pas invoquer ce moyen quand le président a déclaré que la cause est entendue, ni même quand l'affaire a été mise en délibéré. On ne le peut pas non plus quand le ministère public a donné ses conclusions. La prescription peut être opposée, même en appel ; cependant l'art. 464 du Code de Procédure porte qu'il ne sera formé en cause d'appel aucune nouvelle demande, à moins qu'il ne s'agisse de compensation, ou que la demande nouvelle ne soit la défense à l'action principale. Nous répondons, d'après M. Duranton, que le moyen de prescription est une défense à l'action principale ; que lorsque la partie invoque, pour la première fois en appel, le bénéfice de la prescription, elle n'attaque pas les motifs mais le fond même de la décision. L'art. 2224 fait cependant une restriction ; la prescription ne pourra être opposée devant la cour d'appel si la partie est présumée avoir renoncé à ce moyen en première instance. Cette présomption pourrait résulter ou d'une demande en délai de grâce ; d'une offre en compensation ; de l'offre d'une somme à l'ffet de faire désister le demandeur de sa prétention ; de l'offre de venir en à-compte ; de l'offre d'estimation par experts , faite par l'acheteur poursuivi en rescision de la vente, pour lésion de plus des sept douzièmes , etc.

L'art. 2225 de notre titre porte que les créanciers du défendeur et plus généralement toutes personnes intéressées, ont qualité pour invoquer la prescription à laquelle il renonce. Mais les auteurs sont en dissidence pour décider si les créanciers ont qualité à invoquer une prescription à laquelle leur débiteur a déjà renoncé. Les uns adoptent pour base de leur système l'art. 1166 et considèrent le droit de prescrire comme un droit personnel ; *inde*, les créanciers ne sauraient invoquer un droit qui s'est déjà éteint pour le débiteur. Les autres basent leur système sur l'art. 1167 , et concluent que les créanciers sont recevables à opposer la prescription encore que le débiteur y ait renoncé , si cette renonciation a été faite en fraude de leurs droits.

Un troisième système , celui de M. Valette , pose pour principe que le droit d'invoquer la prescription est sans doute une faculté personnelle à celui qui en profite ; mais la loi a fait une exception à la règle de l'art. 1166 en disant expressément, dans l'article qui nous occupe, que des tiers intéressés peuvent invoquer ce droit, personnel à leur débiteur. Les personnes auxquelles la loi accorde ce droit, sont : les cautions , le codébiteur solidaire , et ceux auxquels le possesseur a consenti des droits réels sur l'immeuble qu'il était en voie de prescrire. Il est vrai de dire que , quant à ces personnes , l'art. 2225 n'était pas nécessaire , puisqu'elles prescrivent de leur chef , qu'ils ne peuvent perdre leur droit qu'en renonçant à l'invoquer. La renonciation du débiteur ou du possesseur ne préjudicie nullement au droit personnel des cautions, des codébiteurs solidaires et des cessionnaires. Les personnes seulement à qui il a été concédé un droit qui n'est pas susceptible d'hypothèque, ont un véritable intérêt à ce que le possesseur du bien l'acquière par le laps de temps exigé par la loi. Ajoutons , pour finir ce chapitre , des dispositions communes aux deux prescriptions , que nul n'a le droit de s'opposer à la renonciation d'une prescription qui n'est que commencée.

La reconnaissance qu'un débiteur fait du droit de son créancier interrompt la prescription contre toutes les personnes intéressées comprises dans l'art. 2225.

CHAPITRE II.

De la possession.

La possession est la détention ou la jouissance d'une chose ou d'un droit que nous tenons ou que nous exerçons par nous-mêmes ou par un autre qui la tient en notre nom (2228). Théophile la définit : *Retentio rei corporalis animo dominantis*. On appelle aussi possesseurs ceux qui détiennent pour nous une chose ; mais avec la différence que nous possédons cette chose, tandis qu'ils l'ont seulement *in possessione*. La possession du détenteur est précaire par rapport à moi, que la loi considère comme le véritable possesseur.

La possession seule ne suffit pas pour faire acquérir la propriété ; elle est soumise pour cela à certaines conditions, et elle doit être prolongée pendant un certain temps. La possession est naturellement liée à la propriété, c'en est l'exercice, le fait qui l'utilise ; mais on aurait tort de penser qu'elles ne puissent exister l'une sans l'autre.

Les principaux effets de la possession sont :

1° De faire considérer le possesseur comme propriétaire jusqu'à preuve du contraire ;

2° De procurer au possesseur les actions possessoires ;

3° D'attribuer les fruits de la chose à celui qui la possède de bonne foi.

L'action possessoire, comme on le sait, n'est accordée qu'à celui qui possède paisiblement et depuis un an au moins à titre de propriétaire ; cette action procure au possesseur l'action en complainte, si on le trouble dans sa possession, et l'action réintégrande, si on l'en expulse. Sous le rapport de ses divers caractères, la possession est civile ou naturelle ; de bonne ou de mauvaise foi ; elle est juste ou injuste ; vicieuse ou sans vice. Nous n'avons pas besoin, du reste, de donner des explications étendues sur ces qualités ; nous nous bornerons à les définir.

La possession civile est la détention que nous avons d'une chose, ou l'exercice d'un droit que nous exerçons par nous-mêmes, et en vertu d'une juste cause.

La possession naturelle est celle des personnes qui détiennent sans titre, mais pour elles, *cum animo sibi habendi*.

La possession de bonne foi est celle du possesseur qui en recevant une chose par suite d'une vente, donation, etc., ignorait qu'elle n'appartenait pas à celui qui la lui livrait (1).

La juste possession est celle qui est fondée sur un juste titre; la possession injuste est celle qui ne repose point sur des causes légitimement fondées. La possession vicieuse est celle qui est infectée de violence; qui est clandestine ou précaire.

Pour acquérir la possession, il faut non-seulement détenir une chose, il faut, de plus, avoir l'intention de posséder, l'*animum domini*, la volonté de posséder pour soi et non pour un autre; d'où nous induisons que le fermier, le dépositaire, le locataire, le mandataire ne possèdent point puisque ils détiennent ou pour le compte d'autrui ou *sine animo rem sibi habendi*. Pour posséder, il ne faut pas toujours détenir matériellement, avoir la faculté de s'en servir ou la conserver par les soins d'un tiers; il ne faut même pas dans tous les cas qu'il y ait l'intention. Ainsi, l'héritier légitime devient possesseur des biens de l'hérédité par l'effet de la saisine légale. La possession s'établit donc par la détention et l'intention, mais elle se conserve *animo tantum*, avec l'intention de posséder, pourvu toutefois qu'une autre personne n'ait acquis votre bien par le fait d'une autre possession continuée pendant plus d'un an.

Elle se perd par l'abandon volontaire, la tradition qu'on fait d'une chose dans l'intention d'en transférer la propriété à un tiers, sans qu'il y ait lieu de distinguer si on a livré l'objet, ou bien si on n'a fait que le promettre.

Dans le premier cas, l'abandon a lieu *corpore et animo;* dans l'autre cas, *animo tantum*.

La possession peut se perdre sans que la propriété soit transférée à personne par le jet, par exemple, de l'objet que vous déteniez.

(1) Duranton, sur la prescription.

3

On peut réacquérir la possession de cet objet ; mais la possession antérieure sera définitivement perdue.

La possession se perd encore par le fait d'un tiers. Nous n'entrons dans aucun développement sur ce sujet, à cause de l'explication antérieure que nous en avons donné.

Qualité de la possession pour fonder la prescription. — L'article 2229 porte que la possession, pour pouvoir prescrire, doit être continue, non interrompue, paisible, publique, et non équivoque. 1° La possession a cessé d'être continue quand, après son acquisition, elle a été perdue, abandonnée et reprise. Le Code ajoute que la possession doit être non interrompue. Les causes d'interruption sont traitées par l'article 2243, dont nous n'avons pas à nous occuper. — Une possession paisible est celle qui n'est pas affectée d'un vice de contrainte ou de violence. La possession d'un fonds obtenu par la force, faisait dans le Droit romain, obstacle à l'usucapion, et quand Justinien eut fait disparaître toute distinction entre les choses *mancipi* et celles *nec mancipi* la violence fit obstacle à la prescription de dix et vingt ans.

La possession, dit M. Delvincourt, une fois acquise par violence, continue d'avoir le même caractère, quand même elle deviendrait tranquille et paisible par la suite. Nous savons que d'après le Droit romain, ce vice n'était purgé que par le retour de la chose dans la main du propriétaire ou par un arrangement avec lui.

L'article 2233 établit que les actes de violence ne peuvent jamais fonder une possession capable d'opérer prescription.

Par possession publique, on entend cette possession dont chacun peut avoir connaissance, qui se manifeste fréquemment par des actes de maître, sur le bien qu'on prescrit ; possession opposée à celle que nous appelons clandestine, et dont nous nous emparons à l'insu du propriétaire. Néanmoins, il n'y a que celui auquel la possession a été cachée qui puisse se prévaloir de ce fait.

La possession, dit notre article, ne doit pas être équivoque, c'est-à-dire que, d'après les actes faits, il résulte que le possesseur possède *cum animo domini*, et non comme usufruitier, fermier, dépositaire. A ce cas,

nous rattachons la dernière qualité prescrite par l'article 2229, la possession à titre de propriétaire, c'est-à-dire *cum animo rem sibi habendi*.
« Les facultés prescriptibles sont celles qui consistent dans le droit
« d'exercer une action contre un tiers, ou de faire des actes de jouissance
« sur la chose d'autrui. Les actes de pure faculté auxquelles la prescrip-
« tion ne s'applique point, sont ceux qu'il nous est permis de faire, soit
« sur notre propre chose, soit sur une chose dont la jouissance est publi-
« que ou communale. » Telles sont les deux formules données par
M. Mourlon, sur la définition des actes de pure faculté ou de simple tolérance qui ne peuvent fonder ni possession ni prescription. Dunod
appelle actes de tolérance ceux que l'on fait sous le bon plaisir et vouloir
d'un tiers, qui demeure le maître de les faire cesser quand il le trouve à
propos.

L'accomplissement de ces actes n'établit jamais une prescription, dans
le but d'acquérir le droit de les faire dans l'avenir.

Ainsi, j'ai toléré mon voisin, qui a pratiqué des jours à la distance
prohibée; pendant trente ans, les choses sont restées en cet état et sans
contestations de ma part. Il a, pendant trente ans, passé sur mes terres
quand la récolte en était faite. Dans le premier cas il a acquis par prescription la servitude de vue; dans le second, mon droit est resté intact,
et, quand je le voudrai, je pourrai m'opposer au passage que j'ai toléré
jusqu'alors. Les servitudes discontinues ne portent pas une grave atteinte
à la propriété, le préjudice qu'elles causent est trop minime pour que
l'inaction du propriétaire puisse faire naître une induction contre lui;
inaction que justifie très bien les rapports de bon voisinage qui doivent
exister entre propriétaires. L'article 2235 porte que pour compléter la
prescription, on peut joindre à sa possession celle de son auteur, de quelque manière qu'on lui ait succédé, soit à titre universel ou particulier,
soit à titre lucratif ou onéreux.

En Droit romain, la jonction des possessions n'avait lieu, pour l'usucapion, qu'en faveur des successeurs universels; un rescrit d'Antonin
l'étendit aux acheteurs.

Dans notre Droit, le successeur à titre universel succède aux droits et aux devoirs du défunt, aux qualités comme aux vices de l'hérédité. Si donc la possession de l'auteur était entachée d'un vice de précarité, son successeur, malgré l'ignorance de ce vice, ne peut prescrire en acceptant la succession du défunt.

La loi n'établit aucune différence entre le successeur universel et le successeur particulier en les mettant tous deux sur la même ligne. Cependant, comme nous l'avons dit, le premier continue la personne du défunt; il ne commence pas une possession qui lui soit personnelle; tandis que les successeurs particuliers, acheteurs, donataires, etc., commencent une possession qui leur est propre, et qui, par conséquent, est exempte des vices de la possession qui leur est transmise; d'où il résulte que s'il tient la chose d'un tiers qui l'avait acquise par violence, il commencera à la prescrire du jour de son acquisition; s'il la tient d'un possesseur de bonne foi, il pourra ajouter la prescription de son auteur à la sienne.

Ainsi le successeur particulier a la faculté de séparer sa possession de celle de son auteur, tandis que le successeur universel ne peut prescrire qu'autant et de la manière que le défunt pouvait la prescrire lui-même.

CHAPITRE III.

Causes qui empêchent la prescription.

Ceux qui possèdent pour autrui ne prescrivent jamais, par quelque laps de temps que ce soit. Ainsi le fermier, le dépositaire, l'usufruitier et tous autres qui détiennent précairement la chose du propriétaire, ne peuvent la prescrire. (2236 C. N.) Cette disposition ne s'applique point aux prescriptions libératoires; déjà nous l'avons souvent signalée, dans l'exposition de notre question; nous nous y arrêterons encore pour étudier, en dernier lieu, les effets de la précarité et les conséquences qu'on peut en tirer. Celui qui possède à titre de détenteur précaire n'acquerra jamais le bénéfice de la prescription. C'est à lui que s'applique cet adage : *melius esset non habere titulum quam habere vitiosum.* L'usurpateur, le possesseur de mauvaise foi, le *prœdo*, qui posséderait *animo domini*, et ne pourrait justifier da la cause de sa possession que par la raison *possideo quia possideo*, celui-là jouit encore du privilége de légitimer sa possession par le laps de temps défini par la loi ; tandis que le possesseur pour le compte d'autrui, ses successeurs, ne prescriront jamais contre leur titre précaire.

Le Code cite l'usufruitier comme ne pouvant prescrire, à cause de la précarité de son droit. Il est certain cependant qu'il ne possède pas pour le compte d'antrui ; au contraire, il prétend posséder pour lui, en vertu du droit qu'il a de jouir de la chose ; mais il ne la possède pas comme propriétaire, et sa possession, quelque prolongée qu'elle soit, ne peut la lui faire acquérir par la prescription. L'usufruitier, dans le cas où l'usu-fruit aurait été établi seulement pour un certain temps, et qu'il aurait gardé la possession des biens pendant trente ans depuis l'extinction de son droit, peut-il acquérir par la prescription les biens sur lesquels il était établi ? Son héritier, qui ne possède pas comme usufruitier, puisque l'usu-fruit est éteint par le décès de son auteur, sera-t-il admis à prescrire ?

Nous nous réservons de donner la solution de ces questions dans nos explications orales. Déjà, cependant, nous affirmons qu'ils ne le pourront pas.

L'article 2240 déclare qu'on ne prescrit point contre son titre : *nemo sibi causam possessionis mutare potest.*

Cette règle souffre une exception, dans le cas où la cause de la posses-sion du détenteur précaire ou de son héritier a été intervertie par une autre cause de possession venant d'un tiers et opposée au droit du pro-priétaire (2238). Aussi le fermier, le locataire, le dépositaire, qui prou-vent la restitution des choses comprises dans leur bail, leur acte de lo-cation ou de dépôt, sont-ils admis à prescrire contre ces mêmes biens, à partir du jour de leur libération. Quand le vendeur conserve la chose qu'il a aliénée et continue d'en jouir pendant trente ans, possèdera-t-il précairement, c'est-à-dire pour le compte de l'acheteur, ou bien *cum animo rem sibi habendi ?* Il faudra avoir égard aux conventions des parties. Si le contrat ne contient aucune clause, on décide généralement qu'il la détient précairement, et qu'ainsi il ne peut point prescrire.

M. Mourlon ne croit pas à la bonté de ce raisonnement. Rien ne prouve, en effet, que le vendeur possède en vertu du titre de vente; que la vente soit la cause de sa possession. S'il est obligé de livrer la chose à l'acheteur, son obligation ne dérive point du titre de la possession, puisqu'il possède sans titre. D'ailleurs, le voleur est bien aussi tenu de rendre ce qu'il a volé, et cependant cela ne l'empêche point de prescrire. Celui qui sans céder à la violence renonce à une prescription acquise et reconnaît ainsi le droit du véritable propriétaire, s'oblige implicitement, par cette reconnaissance, à restituer la chose à son maître. Cette reconnaissance n'est pas interruptive de prescription pour l'avenir; elle n'efface que la prescription antérieure. Concluons tout de suite en disant que le vendeur, à moins de clauses contraires, pourra prescrire contre le bien que l'acheteur aura laissé entre ses mains pendant un laps de temps de plus de trente ans. Nous n'établissons pas, en effet, à l'égard des biens du vendeur, la possession décennale et vicennale; car on ne peut jamais admettre, à l'égard de ces biens, l'hypothèse d'un juste titre et de la bonne foi.

Effets de la précarité. — La précarité, avons-nous dit plus haut, fait obstacle à la prescription acquisitive de la chose possédée; mais elle n'empêche pas la prescription libératoire des obligations personnelles nées du titre en vertu duquel le détenteur a été mis en possession (M. Mourlon). Ainsi, la chose déposée n'est jamais prescrite; le déposant peut toujours la revendiquer; mais l'obligation de payer le prix des objets déposés qui seraient perdus, ou les détériorations que ces objets ont subis, s'éteignent par prescription. De l'art. 2231, il résulte que celui qui a commencé à posséder pour autrui, est toujours présumé posséder au même titre, s'il n'y a pas preuve du contraire.

Cette preuve résultera de la novation de la possession dans sa cause, d'une possession *animo domini*, succédant à celle pour le compte d'autrui.

Nous connaissons déjà la maxime : *nemo sibi causam possessionis mutare potest.* Nous avons dit aussi que la précarité ne cessait point avec la qualité qui l'avait produite. La loi, d'après nous, s'est montrée bien sévère à l'égard d'un héritier qui recueille dans une succession un bien que le défunt ne possédait qu'en vertu d'un titre précaire d'usufruitier ; c'est une application trop rigoureuse de la maxime : *melius est nullum habere titulum quam habere vitiosum ;* l'héritier, le plus souvent, ignore le vice de cette possession ; il est, en cela, beaucoup plus digne de faveur que l'usurpateur d'un immeuble. On pourrait aller jusqu'à dire que, pendant les trente ans de sa possession, les titres qui pouvaient en constater la novation dans sa cause, ont été égarés ; on pourrait établir à leur égard la présomption de cette novation, par l'inaction, pendant trente ans, des véritables propriétaires.

L'effet qui opère l'interversion est déterminé limitativement par la loi.

La possession précaire peut être changée en possession *animo domini* 1° par la contradiction que le possesseur oppose au droit du propriétaire ; comme lorsque le détenteur d'un bien à titre précaire signifie à celui au nom duquel il possède qu'il entend désormais posséder pour son propre compte. Cette contradiction a lieu par voie judiciaire : comme lorsque le fermier, assigné en paiement des fermages, répond qu'il ne les doit pas, parce que l'immeuble qu'il a pris à bail lui appartient ; ou bien elle a lieu par voie extra-judiciaire, lorsque le fermier a, par un acte quelconque, résisté à l'exercice du droit de son auteur. 2° la possession précaire peut être changée en possession *animo domini* par une cause venant d'un tiers, comme lorsque le détenteur précaire fait des actes de propriétaire en vertu d'un titre qu'il tient d'un tiers et qui, s'il fût émané de son véritable propriétaire, l'eût investi réellement de la propriété. Néanmoins, dit M. Troplong, si la vente que le fermier s'était fait passer était simulée, je repousserais l'interversion. Un faux-semblant et un mensonge ne peuvent pas produire des effets juridiques. Il faut un fait sérieux et sincère, et l'intervention réelle d'un tiers ayant droit plausible à la propriété de la chose. Quant à la fraude, elle doit rester impuissante, et l'on ne saurait lui donner un encouragement en sanctionnant ses machinations. C'est aux magistrats à interroger les faits avec attention.

PROCÉDURE CIVILE.

Des ouvertures à cassation et de la procédure devant la Cour de Cassation.

OUVERTURES A CASSATION.

Il y a, pour toute la France, un tribunal de cassation, qui prononce sur les demandes en cassation contre les jugements en dernier ressort rendus par les tribunaux. (Loi du 22 frimaire an VIII, art. 65.)

Le tribunal de cassation ne connaît pas du fond des affaires, mais il casse les jugements rendus sur les procédures dans lesquelles les formes ont été violées, ou qui contiendront quelque contravention expresse à la loi ; et il renvoie le fond du procès au tribunal qui doit en connaître. (Loi précitée, art. 66.)

Le pourvoi en cassation est la dernière des voies extraordinaires que la loi ait ouvertes pour attaquer les jugements. Sauf la disposition tout-à-fait spéciale de l'art. 504, le Code de Procédure est muet sur la plus importante des attributions de la Cour de Cassation, celle dont nous devons nous occuper ici, et qui consiste à annuler les procédures, à casser les jugements ou arrêts dans les cas déterminés par la loi. Ce silence du Code s'explique par l'existence des lois antérieures et des règlements spéciaux qui régissent encore les institutions et les attributions de la Cour de Cassation.

Les ouvertures à cassation peuvent se réduire à quatre ; savoir :

1° La violation de la loi ;

2° L'incompétence et excès de pouvoirs ;

5° L'inobservation de certaines formalités de procédure, prescrites à peine de nullité ;

4° La contrariété des jugements rendus en dernier ressort dans la même affaire, sur les mêmes moyens, entre les mêmes parties.

§ 1er.

Violation de la loi.

La Cour de Cassation ne connaît pas du point de fait ; elle n'apprécie que le point de droit. Elle prend pour constants les faits attestés et reconnus pour vrais dans l'arrêt déféré à sa censure, et examine si, en admettant l'exactitude de ces faits, la cour impériale a fait à ces circonstances, ainsi reconnues, une application exacte ou vicieuse de la loi. Remarquons cependant que, pour qu'il y ait violation de la loi dans l'arrêt de la cour ou le jugement rendu en dernier ressort, il faut que cette violation soit renfermée dans le dispositif, et non dans les motifs, ni les considérants du jugement ou de l'arrêt. Il faut que l'infraction soit expresse, formelle, et porte sur le texte même de la loi.

Si la Cour de Cassation ne connaît pas du point de fait, si tel est le principe, il ne faut pas aller jusqu'à exclure toute exception. Il en existe ; mais elles corroborent la règle, elles la confirment. Ainsi la Cour suprême casse certains arrêts pour avoir reconnu à tort l'exactitude d'un fait, ou en avoir méconnu l'existence, lorsque la reconnaissance ou la méconnaissance de ces faits constitue une contravention à la loi. — Tels sont les conditions nécessaires à la cassation, à raison du premier chef.

§ 2.

Incompétence et excès de pouvoirs.

Cette ouverture à cassation est articulée dans les art. 77, 80 et 88 de de la loi du 27 ventôse an VIII. Il peut être utile de ne pas confondre ces

4

deux expressions , incompétençe et excès de pouvoirs. Les ouvertures auxquelles ils donnent lieu ne sont pas soumises aux mêmes règles. La cassation
pour cause d'incompétence est d'abord assujettie à des règles qui varient,
suivant que l'incompétence a lieu *ratione materiæ* ou *ratione personæ*,
L'incompétence à raison de la personne ne donne lieu à ouverture de
cassation que si les parties n'y ont pas renoncé ; si , l'ayant proposée à
la Cour, les juges n'y ont pas eu égard.

L'excès de pouvoirs a lieu toutes les fois qu'un tribunal , compétent
pour connaître de l'affaire, passe les bornes que la loi lui a fixées. Un
tribunal excède ses pouvoirs toutes les fois qu'il prononce par voie de disposition générale et réglementaire ; et cet excès de pouvoir, ouverture
tout-à-fait distincte de l'incompétence , est une contravention à la loi, un
moyen de cassation.

§ 3.

Inobservation de certaines formes prescrites à peine de nullité (moyen fondé sur les premiers art. de la loi du 27 nov. 1er déc. 1790).

Ici se présente une difficulté. Comment concilier les termes de l'art.
480, § 2, C. Pr., avec l'art. 3 de la loi de 1790; avec l'art. 66 de la Cons-
titution du 22 frimaire, an VIII, et l'art. 88 de la loi du 27 ventôse, même
année? Le premier porte qu'il y aura lieu à requête civile quand on n'aura
pas observé certaines formes de procédure prescrites par la loi, à peine
de nullité. Les autres, pour les mêmes causes , indiquent le pourvoi en
cassation comme seule voie ouverte pour attaquer un jugement. Faudra-
t-il conclure que, en cas d'inobservation des formes mentionnées dans ces
divers articles, il y aura lieu , soit à requête civile, soit à cassation ?

Le règlement de 1738 (1), qui est formellement maintenu par les lois
de 1790 et de l'an VIII, défendait absolument d'employer comme moyen
de cassation des ouvertures civiles. Devant les termes formels de l'art.

_____

(1) 1re part. t. IV , art. 24.

480, nous sommes obligés de reconnaître que les lois antérieures ont été abrogées par cet article. Cependant, il ne faudrait pas prendre l'abrogation qui en résulte d'une manière trop générale. Ainsi, la requête civile ayant pour but de faire rétracter l'erreur échappée involontairement à un tribunal ou à une cour, il est évident que si les juges, en connaissance de cause, malgré les réclamations des parties, ont violé les formes de la procédure, la requête civile est une voie inutile et dérisoire, et la voie de cassasion seule admissible. Ainsi, encore, l'art. 7 de la loi du 20 avril 1810 dispose que les arrêts des cours impériales ne sont sujets à cassation que pour contravention à loi.

Cet article porte que tous les arrêts rendus sans motifs, par un nombre de juges insuffisants, par des juges qui n'ont pas assisté à toutes les audiences de la cour, doivent être déclarés nuls, et, alors, la connaissance du fond est renvoyée à une autre cour. Or, dans la requête civile, l'art. 502, C. Proc., n'attribue pas le jugement du fond à une autre cour, mais bien à celle même dont le jugement est rétracté; d'où il résulte que les vices indiqués dans l'art. 7, sont des moyens de cassation et non de requête civile.

§ 4.

Contrariété des jugements.

« Les jugements contradictoires, rendus en dernier ressort par les tri-
« bunaux de première instance et d'appel, et les jugements par défaut
« rendus en dernier ressort, et qui ne sont plus suceptibles d'opposition,
« pourront être rétractés sur la requête de ceux qui y auront été par-
« ties;..... s'il y a contrariété de jugements en dernier ressort, entre les
« mêmes parties, sur les mêmes moyens, *dans les mêmes cours et tri-*
« *bunaux* (1). » L'art. 504 porte que, si la deuxième de ces circonstances vient à manquer, il y aura lieu, contre le deuxième jugement, au pourvoi en cassation.

(1) Art. 480, § 6, C. Pr.

Nous rentrerions dans le cas des paragraphes 1er et 3me, si une partie ayant vainement invoqué contre son adversaire un jugement rendu à son profit dans la même affaire, sur les mêmes moyens, par le même tribunal, le tribunal la condamnait en s'obstinant à méconnaître l'identité de la cause. Il n'y a plus ignorance ni surprise, il y a violation manifeste de l'art. 1351 du Code Napoléon, qui attribue une souveraine autorité à la chose jugée. La requête civile ne serait pas seulement dérisoire, elle serait illégale; il ne peut y avoir lieu qu'au pourvoi en cassation.

Procédure devant la Cour de Cassation pour arriver à l'annulation des procédures ou des arrêts dans les cas que nous avons indiqués.

§ 1er.

Le pourvoi en cassation se distingue dans sa forme des différentes voies de recours, soit ordinaires, soit extraordinaires. Ainsi, tandis que ces voies de recours s'introduisent, tantôt par une requête d'avoué à avoué, tantôt par une assignation à personne ou à domicile (1); tandis qu'il s'agit toujours d'une notification faite par la partie qui demande la réformation du jugement qui la condamne, soit à la personne, ou au domicile, ou au représentant de la partie contre laquelle la rétraction est poursuivie, dans les pourvois en cassation, l'acte qui saisit la Cour suprême de la connaissance du jugement en dernier ressort ou de l'arrêt attaqué, n'est pas notifié par le demandeur en cassation à la partie adverse. Cet acte originaire s'introduit par un mémoire ou requête déposé par l'avocat du demandeur en cassation au greffe de la Cour suprême, sans que cet acte de pourvoi soit notifié à la partie en faveur de laquelle l'acte attaqué a été rendu. Le dépôt est constaté par un récépissé que le greffier de la Cour délivre au déposant. Ce dépôt assure la date du pourvoi.

Avant d'indiquer les délais du pourvoi, il est utile de remarquer que

(1) 456-483, C. Pr.

le recours n'est recevable qu'après les délais de l'opposition, si le jugement a été rendu par défaut (443, C. Pr.). Pour les jugements préparatoires, « *le recours en Cassation ne sera ouvert contre eux qu'après le jugement définitif; mais l'exécution volontaire de tels jugements ne pourra, en aucun cas, être opposée comme fin de non-recevoir* (1). » Cette disposition ne peut s'appliquer aux jugements interlocutoires. On peut se pourvoir contre eux avant le jugement définitif. Toutefois, les délais ne courront qu'à partir de ce dernier jugement. Que si le même jugement contient une disposition définitive et une disposition interlocutoire, le délai du pourvoi ne peut être suspendu qu'à l'égard de celle-ci.

§ 2.

Délais du pourvoi.

Le délai pour se pourvoir en cassation est de trois mois, à compter du jour de la signification du jugement à personne ou domicile pour tous ceux qui habitent en France, sans aucune distinction quelconque, et sans que, sous aucun prétexte, il puisse être donné des lettres de relief de laps de temps pour se pourvoir en Cassation (2).

Personnes n'habitant pas en France. 1° Absents pour cause d'utilité publique. Le délai est fixé à leur égard à un an, à compter du jour de la signification à leur dernier domicile (3). Nous adoptons volontiers l'opinion de notre savant professeur, M. Rodière qui, « pour établir l'unité de système toujours désirable en législation, pense que ce délai doit être accordé en sus du délai ordinaire de trois mois comme pour l'appel et la requête civile (443-485. C. Pr.).

2° *Domiciliés dans les colonies de la Martinique ou de la Guadeloupe.* Le délai est fixé à leur égard à un an. Il est de deux ans pour les personnes domiciliées dans le ressort des cours royales de Pondichéry ou de l'Ile-Bourbon (4).

(1) Loi 2 brumaire an IV, art. 14. (2) Loi 1 décembre 1790, art. 14. (3) Régl. 1738, part. 1, t. 4; tit. ɲ. (4) Id. art. 12.

5° *Personnes domiciliées en pays étranger*. Qu'ils soient étrangers ou Français, ils doivent avoir six mois, d'après le réglement de 1738.

L'article premier de la loi du 2 septembre 1793 fixe les délais pour les gens de mer absents du territoire Français.

Les absents pour toute autre cause restent compris dans la règle générale.

Mineurs. — Le réglement de 1738 ne faisait courir le délai à l'égard des mineurs qu'à dater de la signification qui leur était faite après leur majorité.

La Cour de Cassation a considéré cette disposition comme abolie par la loi du 1er décembre 1790, qui n'accorde aux personnes domiciliées en France qu'un délai de trois mois à dater de la signification, sans faire aucune distinction. M. Rodière pense qu'on doit exiger, comme pour l'appel, la double signification au tuteur et au subrogé-tuteur.

Questions. — Faut-il considérer le délai non-seulement comme suspendu, mais encore comme interrompu quand la partie condamnée décédait avant l'expiration du délai? Argument contraire tiré des art. 447 et 487 du Code Pénal.

2° Le pourvoi en cassation, en matière civile, n'a pas d'effet suspensif. Cependant le pourvoi contre un arrêt qui a rejeté une opposition à mariage peut-il en arrêter la célébration?

§ 3.

Formation du pourvoi jusqu'à l'arrêt de la chambre des requêtes.

Le pourvoi en cassation se forme, en matière civile, par une requête signée d'un avocat aux conseils, et déposée au greffe de la Cour suprême. Cette requête doit contenir :

1° la demande qu'on entend former et les moyens sur lesquels on appuie la cassation demandée;

2° la copie du jugement qu'on aura signifié, ou une expédition en forme de ce jugement, s'il n'en a pas été signifié;

3° La quittance de consignation d'amende. L'amende à consigner est de 165 fr. pour les arrêts ou jugements contradictoires ; et de moitié pour les arrêts ou jugements rendus par défaut ou par forclusion (1). Il faut consigner autant d'amendes qu'il y a d'arrêts.

Le dépôt de la requête et des pièces à l'appui doit être fait dans les délais pour la cassation.

Le président de la chambre des requêtes nomme un rapporteur qui, après avoir pris connaissance de la requête et des pièces à l'appui, rétablit les pièces au greffe, et l'affaire est ensuite distribuée à l'un des avocats généraux attachés à la chambre des requêtes ; celui-ci, après avoir préparé ses conclusions, fait porter l'affaire au rôle de l'audience.

Au jour de l'audience, le rapporteur lit son rapport. L'avocat du demandeur en cassation développe ses moyens ; après quoi, le ministère public est entendu. Le défendeur éventuel ne peut se présenter devant la chambre des requêtes ; son avocat ne peut que se faire inscrire en surveillance. Si la chambre des requêtes rejette le pourvoi, elle motive son arrêt et condamne le demandeur à l'amende. Si elle l'admet, elle le déclare sans donner de motifs, et permet au demandeur de citer le défendeur devant la chambre civile, dans les délais exigés par le règlement.

Ici se termine la première période de la procédure du pourvoi en cassation. Cette première période est en même temps la dernière, s'il s'agit d'un arrêt de rejet.

§ 4.

De l'arrêt d'admission jusqu'à l'arrêt de la chambre civile.

Jusqu'ici le défendeur est resté étranger à la procédure. Quand le demandeur, au contraire, a fait admettre son pourvoi, il doit mettre en cause son adversaire en lui signifiant, à peine de déchéance, soit à personne ou à domicile : 1° la requête introductive du pourvoi, qu'il aura d'abord déposée au greffe ; 2° l'arrêt d'admission obtenu en vertu de cette

(1) Régl. 1738, eod. loc. A. 5, et loi 28 avril 1816, art. 86.

requête. Cette signification doit avoir lieu dans les délais fixés pour le pourvoi, c'est-à-dire dans le délai général de trois mois, sauf les exceptions (1). La signification de l'arrêt d'admission, contenant assignation devant la chambre civile, doit être faite dans la forme d'ajournements. Cet exploit doit contenir, à peine de nullité : le nom de l'avocat, en la Cour de Cassation, du demandeur. Les délais pour comparaître sont fixés par le réglement de 1738, 2ᵉ partie, titre 1ᵉʳ, art. 3 et 4. Le défendeur, dans les délais fixés par ce réglement, doit constituer un avocat chargé de le représenter et de conclure en son nom. Dans les mêmes délais, il doit faire signifier au demandeur et faire déposer au greffe un mémoire en réponse contre la requête du pourvoi et contre l'arrêt d'admission. Le demandeur peut y répondre par un autre mémoire, et l'affaire se poursuit comme à la chambre des requêtes.

Les juges doivent être au nombre de onze, et le jugement se forme à la majorité absolue.

Il n'y a pas lieu à la péremption d'instance devant la Cour de Cassation. Ceux-là peuvent intervenir devant la Cour de Cassation qui en ont la faculté en cause d'appel. La demande en intervention se forme par requête d'un avocat aux conseils signifiés aux autres avocats de la cause.

§ 5.

Cas où la requête précédemment admise est rejetée.

Nous avons déjà dit qu'elle peut l'être comme nulle, non recevable et mal fondée. L'art. 35 du régl. de 1738, part. 1ᵉʳ. tit ɪv, porte que : le demandeur en cassation qui succombe devant la chambre civile, doit, outre les dépens, être condamné à une amende de 300 fr. et à 150 fr. envers la partie, si l'arrêt où le jugement dont la cassation a été demandée, a été rendu contradictoirement ; et en la moitié seulement de ces sommes, si l'arrêt où le jugement a été rendu par défaut ou par forclu-

_____

(1) Régl. 1738, t. 4, art. 30. et 73 C. Pr.

sion. Si le jugement ou l'arrêt attaqué est cassé, l'amende est restituée et le défendeur condamné aux dépens.

On renvoie le fond à un tribunal de même classe que celui dont le jugement est annulé (1).

On ordonne la transcription de l'arrêt de cassation sur les registres du tribunal dont le jugement est annulé. L'arrêt qui casse le jugement dénoncé est levé par le demandeur, et par lui signifié à son adversaire.

On ne saurait se pourvoir deux fois contre le même arrêt.

(1) Loi 27 ventôse, an VIII, art. 87.

DROIT CRIMINEL.

Du discernement et des tribunaux qui doivent statuer à l'é-
gard des mineurs de seize ans.

§ 1er.

Discernement.

La criminalité d'un acte résulte de la volonté de son auteur. Or, deux
choses constituent la volonté et sont nécessaires à son exercice : l'intelligence et la liberté. La loi ne prononce aucune peine contre les personnes
dont les actes ne sont pas le résultat d'une opération de leur intelligence,
et qui, par suite, n'en peuvent être responsables. Les art. 64 et 66 du Code
Pénal constatent que la privation de l'intelligence résulte de deux causes
différentes : l'âge et la démence. Les excuses légales résultant de l'âge ont
des effets qui varient suivant qu'on les applique aux enfants ou aux vieil-
lards. Nous renfermant sous la rubrique de la question qui nous est posée,
nous n'examinerons la privation de l'intelligence que dans le cas où elle
résulte de l'âge chez l'enfant et comme étant une cause de justification
ou d'irresponsabilité ; excuses qui ont pour effet de faire mitiger à leur
égard les peines qu'ils auraient encourues s'ils étaient majeurs.

La raison de l'homme se développe avec ses organes ; elle grandit avec
le corps, et l'on mesure les progrès de l'intelligence aux progrès visibles
de l'union incompréhensible de l'esprit avec la matière, que l'on constate,
mais qu'on ne saurait expliquer.

Pour le législateur français, le développement de l'intelligence nécessaire à la présomption légale de volonté et de jugement dans les actes
qu'elle accomplit est fixé à seize ans.

Jusqu'à cet âge, la société n'a exercé sur l'enfant qu'un rôle de tutelle,
de surveillance et de patronage ; désormais elle lui confiera une partie
de l'exercice des droits dont il est investi, et elle le soumettra à la rigueur
des peines qui s'attachent à l'oubli du devoir et au mépris de la loi.

L'art. 22 du Code Pénal exempte les mineurs de l'exposition jusqu'à
l'âge de dix-huit ans. Il aurait fallu étendre le bénéfice de cette exemption
jusqu'à la peine de mort, les travaux forcés à perpétuité et la déportation.
Mais, de même que le Droit romain dérogeait à la maxime *mitius
pupillus punitur* pour appliquer les mêmes peines qu'aux majeurs, aux
mineurs coupables de crime atroces, ainsi notre Code, pour une exception
en faveur des mineurs de dix-huit ans, pour une peine inférieure, comme
l'exposition, et rentre dans la sévérité de la règle pour les peines d'un
ordre supérieur.

Le Code a bien déterminé l'époque où l'homme est réputé jouir du
plein exercice de ses facultés, mais il reste muet sur l'âge où l'innocence
de l'enfant est une certitude. La détermination de cette époque, lisons-
nous dans MM. Chauveau et Hélie, ne serait une innovation que dans
notre législation. A Naples, dans la Louisiade, dans le Brésil, cette affirmation d'innocence dure jusqu'à sept, à neuf ou à dix années. M. Rossi
voudrait qu'on fixât cet âge à neuf ans ; MM. Chauveau et Hélie ne vou-
draient pas qu'on pût poser aux juges la question de discernement avant
l'âge de dix ans.

La loi accorde aux accusés, mineurs de 16 ans, un triple privilège :
1° elle les protége par une présomption d'innocence, qui oblige à prouver
formellement contre eux qu'ils ont agi avec discernement ; 2° alors même
que le discernement est établi, elle voit encore dans leur âge une excuse,
et leurs peines sont atténuées ; 3° elle leur accorde le bénéfice d'une juridiction spéciale.

I. Le premier privilège que nous venons d'indiquer est l'adoption de
la maxime : *Infantem innocencia concilii tuetur*, avec l'exception ro-

maine *malitia supplet œtatem*, qui faisait admettre la preuve contraire contre les jeunes gens parvenus à l'âge de puberté. Le jury n'aura plus à répondre à une question complexe, renfermant à la fois l'examen de l'existence du fait, de la volonté qui l'a causé, de la part matérielle de l'accusé dans la perpétration du fait, et du rôle moral de sa volonté dans tous ces actes. A l'égard des majeurs de 16 ans, on n'appelle pas l'attention spéciale du jury sur l'intelligence de l'accusé. Il rend un verdict affirmatif, s'il reconnaît l'existence d'une intention mauvaise, tandis qu'à l'égard des mineurs de notre espèce, il faudra, de plus, qu'il examine s'ils ont agi avec ou sans discernement. On doit donc lui poser deux questions distinctes : celle de la culpabilité et celle du discernement. Il peut donc se présenter deux cas où le jury a répondu : Oui, l'accusé est coupable de tel fait. Mais, dans un cas, il répond : Il ne l'a pas commis avec discernement ; c'est-à-dire : Il est coupable, parce qu'il a agi sentant qu'il faisait mal, mais il n'a pas compris la portée du mal qu'il faisait ; il n'a pas su qu'il s'exposait à une pénalité grave et sérieuse. Dans l'autre, il a commis le fait avec discernement. Dans le premier cas, malgré l'affirmation de culpabilité, l'accusé est acquitté ; dans le second, il ne l'est pas, mais la peine éprouve une réduction très sensible.

Si nous avons réussi à donner de la clarté à l'exposition résumée de ces principes, on comprendra facilement que lorsque le jury, ayant répondu négativement sur la culpabilité de l'auteur principal, répond affirmativement ensuite à l'égard du complice, il n'y a pas de contrariété, d'incohérence dans ses réponses. Cette exception au principe de l'identité des peines entre l'auteur principal et le complice, résulte de l'art. 67 du C. Pr. dont nous allons bientôt parler. C'est à ce titre que nous avons cru devoir la signaler.

Nous avons dit que s'il était reconnu que l'accusé, bien que coupable, avait agi sans discernement, il devait être acquitté. Dès lors, il est à l'abri de toute pénalité. Mais la Cour peut ordonner qu'il soit détenu dans une maison de correction pendant tel nombre d'années que le jugement déterminera, et qui, toutefois, ne pourra excéder l'époque où il aura accompli sa vingtième année (66, C. P.). En fait, cette détention est une peine, quisqu'elle ôte à l'enfant sa liberté. Mais elle ne l'est pas dans son but et dans son droit ; c'est une correction visant à réformer chez lui les tendances mauvaises que son action a révélées. « C'est, disait M. Faure, « un moyen de suppléer à la correction domestique, lorsque les circons- « tances ne permettront pas de le confier à sa famille. »

Ce n'est pas une peine, en droit ; car si l'enfant, après avoir recouvré sa liberté, commet un nouveau délit, on ne lui appliquera pas les peines de la récidive ; on n'est pas dans les termes de l'art. 56 C. P. (Boitard).

Loi des 5 et 12 août 1850. Les mineurs de seize ans devaient subir leur détention dans des maisons spéciales ; mais ces maisons n'avaient pas été créées, et, par le fait, la détention avait lieu dans les maisons d'arrêt ou de justice. C'était envoyer les jeunes détenus à l'école du crime, en les faisant vivre avec des hommes dont les délits avaient été la con- séquence d'une perversité et d'une immoralité calculées. Ils apprenaient avec eux à haïr la société et se préparaient à rentrer dans son sein en- durcis dans le vice, et prêts à toute espèce de guerre contre les lois. Cette détention, au lieu donc de corriger les jeunes coupables et d'ouvrir leur âme à la voix du remords et du repentir, achevait de les corrompre et de les précipiter dans le crime. Les publicistes signalaient depuis longtemps cet abus. La loi des 5 et 12 août 1850 y a remédié. Cette loi ordonne 1° la séparation absolue des jeunes détenus d'avec les autres condamnés ou prévenus ; 2° elle pourvoit à leur éducation morale, religieuse et pro- fessionnelle, pendant le temps de leur détention (art. 1er) ; 3° elle orga- nise un patronage protecteur, qui s'exerce pendant trois ans, au moins, après leur libération, pour leur procurer une existence honnête et labo- rieuse (art. 19). D'après cette loi, les mineurs de seize ans, acquittés mais non remis à leurs parents (art. 66, C. Pr.), sont conduits dans une colonie pénitentiaire, où ils sont élevés en commun et appliqués aux tra- vaux de l'agriculture et aux industries principales qui s'y rattachent.

II. Si le jury a répondu affirmativement aux deux questions de culpa- bilité et de discernement, il y a pénalité ; mais la pénalité suit une échelle de décroissance que l'on comprend facilement en lisant l'art 67 du Code Pénal. La loi, dit M. Faure, ne veut point flétrir l'accusé, dans l'espoir qu'il pourra devenir un citoyen utile : elle commue en sa faveur les peines afflictives en peines de police correctionnelle. La loi cependant ne prononce aucun abaissement de peine quand il s'agit d'une contravention, à cause du peu de gravité de la pénalité, dans ce cas.

Bien que favorisés par une exception, protégés par une mitigation de peine établie en leur faveur, les mineurs de seize ans n'en jouissent pas moins du bénéfice résultant de l'admission des circonstances atténuantes, et c'est la peine telle qu'elle résulte de l'application de l'art. 463 du Code Pénal, qui doit être prise en considération pour déterminer la durée de la détention.

Loi des 5 et 12 août 1850. D'après cette loi, les mineurs de seize ans, condamnés pour avoir agi avec discernement, sont répartis, suivant la durée de leur peine, dans des colonies pénitentiaires ou correctionnelles. Les jeunes détenus condamnés à un emprisonnement de plus de deux ans, sont envoyés dans des colonies correctionnelles.

III. Le troisième privilège, accordé par la loi à ceux qui n'ont pas encore atteint l'âge de seize ans, consiste dans le bénéfice d'une juridiction spéciale. L'art. 68 du Code Pénal décide qu'au lieu d'être jugés par des cours d'assises, ils seront jugés par des tribunaux correctionnels. La loi a eu en vue d'épargner au mineur de seize ans les vives impressions et notamment le déshonneur qui s'attache toujours à la publicité et à l'éclat d'une poursuite en matière criminelle. (V. Boitard, sur l'art. 68.)

Cette règle souffre deux exceptions :

Premièrement. Si les mineurs de seize ans ont des complices au-dessus de cet âge, ils doivent être traduits devant les assises. Les majeurs de seize ans, passibles des peines afflictives et infamantes, ont droit à la garantie du jury. Cette exception résulte, en outre, du principe que les poursuites ne peuvent être scindées ; or, les majeurs entraînent nécessairement les mineurs devant la Cour.

Deuxièmement. Quand les mineurs de seize ans seront prévenus de crimes que la loi punit de la peine des travaux forcés à perpétuité, de la peine de la déportation et de la *détention*, ils seront jugés par la cour d'assises. La peine de la détention est inférieure à celle des travaux forcés à temps et cependant elle emporte la juridiction criminelle; la raison en est que la peine de la détention est spéciale aux crimes politiques dont la connaissance était exclusivement réservée aux jurés.

La loi en accordant aux mineurs de seize ans le privilége d'une juridiction spéciale, a non-seulement voulu éviter la triste solennité des débats devant un jury, comme nous l'avons dit plus haut, elle a surtout voulu leur donner une justice, plus prompte; mais, d'abord, les deux exceptions de l'art. 68, C. P. seront si fréquentes, que le principe recevra une trop rare application; et alors, comme le remarquent MM. Chauveau et Hélie, il n'aura plus que le grave inconvénient de compliquer les règles de la compétence. Ensuite, ne fait-on pas tourner contre le mineur les chances de la condamnation, parce que non-seulement la procédure par jurés présente plus de garantie, mais surtout parce que dans une procédure par jurés la majorité est au moins de deux tiers; ce qui arrivera bien si le tribunal n'est composé que de trois juges, mais non s'il s'agit d'un tribunal de cinq juges.

Preuve de la minorité de seize ans. 1° Comment se fera-t-elle? Qui doit l'apprécier? Jusqu'à quelle époque est-elle recevable?

1° La preuve de la minorité se fera par tous les moyens admis en matière criminelle. L'acte de naissance ne sera pas toujours suffisant; car, s'il prouve l'âge, il ne prouve pas le fait relatif de la minorité au moment de l'infraction, dont la date est souvent incertaine.

2° La Cour de Cassation avait d'abord donné la compétence de cette preuve à la cour d'assises; elle reconnaît aujourd'hui que le jury est seul compétent pour déterminer l'âge du mineur lorsqu'il est l'objet d'un débat.

3° L'accusé peut-il invoquer, pour la première fois, sa minorité devant la Cour de Cassation? La jurisprudence de la Cour suprême décide que cela ne peut jamais devenir un moyen à cassation. Les auteurs se prononcent tous en sens contraire. Ils considèrent les dispositions des art. 66, 67 et 69 du Code Pénal comme d'ordre public, dont la violation peut être invoquée en tout état de cause. Comment, au reste, un mineur de seize ans, en faveur de qui la loi a établi une présomption légale d'absence de jugement pour évaluer la portée de ces actes, sera-t-il puni de ne pas avoir produit un moyen décisif pour sa défense? Lui qui, ne peut renoncer expressément au bénéfice de la présomption établie à son égard, pourra-t-il y renoncer d'une manière tacite? Nous avons omis de signaler la dissidence qui existe entre les auteurs sur la question de savoir si l'accusé doit avoir seize ans révolus ou non, pour jouir encore des priviléges que la loi accorde aux mineurs de cet âge.

Les uns pensent qu'il suffit d'avoir commencé la seizième année pour rentrer dans la règle commune. Ils s'appuient sur la maxime : *annus inceptus pro completo habetur.*

Les autres répondent que cette maxime, vrai en général, cesse de l'être quand il s'agit d'une présomption de capacité. Du reste, l'article 1er du Code pénal de 1791, tit. 5, exigeait seize ans accomplis. Le Code de 1810 n'a pas contredit à ce principe.

Vu par le Président de la Thèse,
MASSOL.

Cette Thèse sera soutenue, dans l'une des salles de la Faculté, en séance publique, le 6 août 1855.

Toulouse, Impr. LAMARQUE et RIVES, successeurs d'Henault, rue Triprière, 9.

Toulouse , Imprimerie LAMARQUES & RIVES, rue Triprière , 9.

www.ingramcontent.com/pod-product-compliance
Lightning Source LLC
Chambersburg PA
CBHW070748220326
41520CB00052B/3318